À ma Coralie
sans qui rien de tout cela ne serait arrivé

Un immense merci à Audrey et à Pier-Jean pour la mise en forme.

"Cuisiner pour la paix" est une association loi 1901 à but non lucratif qui propose d'aller à la rencontre des autres à travers les sensations gustatives.

Rien ne parle mieux d'un peuple que sa cuisine : elle parle au palais, au cœur et à l'âme de ceux qui y goûtent.

Pour saluer amicalement les habitants des autres pays, en dehors de toute orientation politique, "Cuisiner pour la paix" propose de réaliser les plats typiques d'un pays le jour de sa fête nationale pour les faire découvrir à tous.

Ainsi on peut réaliser un tour du monde en une seule année.

Céto Club est une association loi 1901 à but non lucratif qui souhaite promouvoir l'alimentation cétogène (sans glucides) pour tous les bénéfices qu'on peut en retirer pour sa santé.

Cette association anime :

- Une communauté amicale sur Facebook Céto Club & Co.
- Une chaîne YouTube Céto Club
- Une chaîne Tik-Tok Céto Club
- Un hébergement sur les blogs La Tendresse en Cuisine et de Recettes Végétales avec de nombreux articles et recettes
- Des livres de recettes cétogènes disponibles sur Amazon :

- Fêtes (vous) plaisir (60 recettes collectives)
- 30 recettes de Chantilly
- 30 recettes de Pancakes
- 30 recettes de Tartines
- 30 recettes de Biscuits (collectives)
- 30 recettes pour l'Eggfast
- 30 recettes de Gâteaux minute
- 12 Menus de Noël (36 recettes)
- 30 recettes du Monde (Vol. 1)
- 30 recettes du Monde (Vol. 2)
- 30 recettes du Monde (Vol. 3)
- 30 recettes du Monde (Vol. 4)

Un tour du monde cétogène

Ce troisième livre d'un tour du monde cétogène est la réunion de ces deux associations. Il a été créé d'une part pour promouvoir l'amitié entre les peuples à travers le plaisir de la cuisine et la sensibilité intime de la dégustation et d'autre part afin de revenir à nos origines de chasseurs cueilleurs.

Durant des centaines de milliers d'années, les hommes n'ont mangé que le produit de leur pêche, de leur chasse et de leur cueillette. Ici on revient à cette alimentation pour laquelle notre organisme est totalement et génétiquement adapté. Cette nutrition permet au corps de fonctionner au maximum de ses capacités et de se réparer.

Toutefois si l'alimentation cétogène revient aux bases des besoins du corps, la cuisine, elle, nous ouvre les portes inexplorées d'autres façons de ressentir la vie, la gourmandise ou la joie.

Finalement, c'est la combinaison du corps et ses besoins physiologiques primaires avec l'alimentation cétogène et de l'esprit avec la curiosité, la recherche et le goûts de ceux qui sont nés ailleurs avec Cuisiner pour la paix.

Voici les 30 pays suivants que nous saluons !

Les pays visités

- Lettonie
- Oman
- Monaco
- Bosnie-Herzégovine
- Liban
- Suriname
- Albanie
- Mauritanie
- La Barbade
- Centrafrique
- Roumanie
- Émirats arabes unis
- Laos
- Thaïlande
- Finlande
- Burkina Faso
- Kenya
- Bahreïn
- Kazakhstan
- Bhoutan
- Niger
- Qatar
- Sealand
- Japon
- Haïti
- Soudan
- Birmanie
- Australie
- Inde
- Nauru

Une recette typique de chacun de ces pays est décrite dans ce livre.
Elles sont dans l'ordre de leurs fêtes nationales ou par ordre alphabétique lorsqu'il y en a plusieurs le même jour.

J'ai tenté le plus possible de trouver des recettes initiales totalement cétogènes,
toutefois certaines m'ont attirées par leur gourmandise et j'ai voulu les reproduire en les adaptant à la cuisine sans glucides.
Pour cela j'ai remplacé des céréales, des légumineuses ou des légumes pour qu'on puisse tranquillement faire la recette et se régaler en toute bonne conscience.

Elles sont simples à cuisiner car je suis paresseuse et elles sont bonnes parce que je suis gourmande...
Deux de mes défauts à votre service !

Les recettes

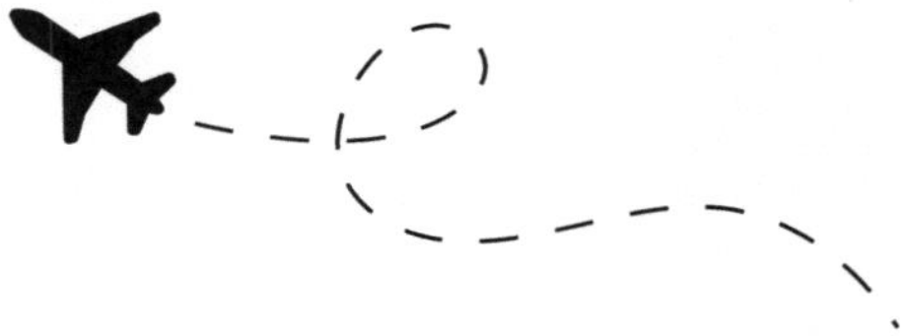

Skābeņu un spinātu krēmzupa
(Lettonie)

Velouté d'oseille et épinards

Pour 4 personnes
Préparation : 10 min
Cuisson : 10 min

- 50 g de beurre
- 600 g d'épinards
- 300 g d'oseille
- 2 cubes de bouillon Kub
- 1/2 citron bio
- 2 œufs durs
- 8 branches de persil plat
- Crème fraîche liquide
- Eau

Préparation

Faire fondre le beurre dans une marmite puis ajouter l'oseille et les épinards lavés et essorés.

Remuer sans arrêt jusqu'à ce que les feuilles soient tombées au fond.

Ajouter les cubes de bouillon réduits en poudre et ajouter de l'eau selon la consistance de velouté désiré (ici il n'y en a pas), ou bien ajouter du bouillon de volaille maison sans mettre les Kub.

Laisser cuire 5 minutes avec le zeste et le jus d'un demi citron et mixer au pied plongeur ou au blender. Goûter pour éventuellement rectifier en sel.

Servir la soupe bien chaude avec la crème fraîche selon votre goût, l'œuf dur émietté à la fourchette, quelques feuilles d'épinards ciselées et une rondelle de citron.

Kari (Oman)

Ragoût épicé aux poissons

Pour 4 personnes
Préparation : 15 min
Cuisson : 35 min

- 750 g de filets de poissons
- 1 oignon rouge
- 1 piment (optionnel)
- 1 cm de gingembre frais
- 2 gousses d'ail
- 3 graines de cardamome
- 4 clous de girofle
- 1 bâton de cannelle
- 1/2 c. à c. de poivre noir
- 1/2 c. à c. de graines de cumin
- 1/4 de c. à c. de curcuma
- 1 c. à c. d'érythritol roux
- 2 c. à s. d'huile d'olive
- 20 cl de lait de coco
- 10 cl d'eau
- 1 citron
- Sel

Préparation

Mettre dans un mixeur les graines de cumin et de cardamome puis les réduire en poudre. Peler les gousses d'ail et l'oignon rouge.

Couper en morceaux le gingembre pelé, les gousses d'ail, l'oignon et éventuellement le piment lavé et égrené. Verser tous ces ingrédients dans le mixeur avec l'huile d'olive et le curcuma.

Mettre en marche le mixeur pour obtenir une crème épaisse et lisse.

Verser la crème obtenue dans une poêle et faire frire légèrement jusqu'à sentir une bonne odeur.

Ajouter les clous de girofle et le bâton de cannelle ainsi que le lait de coco, l'eau et l'érythritol. Laisser bouillir doucement à petits bouillons pendant environ 20 minutes. Saler au goût.

Ajouter enfin les morceaux de poissons dans la sauce et les faire cuire pendant 10 minutes (un peu plus s'ils sont surgelés). Servir bien chaud avec l'accompagnement choisi et des tranches de citron.

Tomates farcies
(Monaco)

Pour 6 personnes
Préparation : 20 min
Cuisson : 5 min

- 6 tomates moyennes
- 1 petite boîte de thon au naturel
- 1 petite échalote
- 2 c. à s. de mayonnaise
- 1 c. à c.rase de thym
- 200 g de riz de konjac
- 1 c. à s. d'huile d'olive
- 12 feuilles de basilic
- Sel et poivre

Préparation

Ôter le quart supérieur des tomates et les évider. Les saler et les poser à l'envers sur un égouttoir pour que le trop plein de liquide s'élimine pendant la préparation de la recette.

Rincer le riz de konjac sous l'eau puis l'égoutter. Le faire revenir à la poêle avec l'huile d'olive, le thym et le thon pendant 5 minutes. Laisser refroidir.

Ciseler le plus fin possible la petite échalote puis y ajouter le mélange de riz au thon et la mayonnaise. Saler et poivrer au goût.

Remplir les tomates évidées de la préparation et poser sur le dessus une ou 2 feuilles de basilic.

Réserver au frais jusqu'au moment de servir.

Kiflice (Bosnie-Herzégovine)

Croissants aux noix

Pour 42 croissants
Préparation : 30 min
Cuisson : 13 min

- 200 g de poudre de noisettes
- 90 g d'érythritol
- 110 g de beurre doux
- 1 pincée de sel fin

Préparation

Mixer l'érythritol au blender de façon à ce qu'il ressemble à du sucre glace.

Faire griller la poudre de noisette dans une poêle à sec en remuant sans arrêt jusqu'à ce qu'elle dégage une bonne odeur de noisette grillée. Verser immédiatement la poudre sur une assiette pour stopper la cuisson et laisser refroidir.

Mélanger la poudre de noisette avec 50 grammes d'érythritol et le sel fin.

Faire fondre le beurre sur feu ultra-doux.

Verser le beurre dans le mélange et malaxer de façon à obtenir une pâte homogène.

Disposer la pâte dans des moules à empreintes de votre choix, ici de petits croissants. Préchauffer le four à 180°C (Th. 6).

Enfourner pour 13 minutes. Dès qu'ils sont dorés, ils sont cuits. Laisser totalement refroidir avant de démouler et de rouler dans la glace d'érythritol restante.

Hommos
(Liban)

Tartinade au tahiné

Pour 4 personnes
Préparation : 10 min

- 130 g d'édamames cuits
- 1/2 citron
- 1 gousse d'ail
- 1 c. à s. de crème de sésame
- 2 c. à s. d'eau
- 6 c. à s. d'huile d'olive
- Graines de sésame
- Sel

Préparation 

Rincer les édamames cuits sous un filet d'eau fraîche puis les verser dans un mixeur.

Presser le demi citron, peler et dégermer la gousse d'ail et les ajouter dans l'appareil.

Enfin ajouter l'eau, 4 cuillères à soupe d'huile d'olive, la crème de sésame et le sel.

Mettre en marche le mixeur jusqu'à l'obtention d'une crème lisse.

Verser dans un petit bol de présentation, arroser de 2 cuillères à soupe d'huile d'olive. Parsemer de graines de sésame grillées.

Servir frais avec des crudités du type salade, concombre, radis ou chou-fleur et des morceaux de pain cétogène.

Fish masala (Suriname)

Poisson aux épices

Pour 1 personne
Préparation : 5 min
Cuisson : 15 min

- 1 darne ou 1 filet de poisson au choix
- 1 c. à s. d'huile de coco
- 1 c. à s. de sauce chili sucrée à 0 sucre
- 1 c. à s. de garam masala
- 1 quartier de citron
- Sel et poivre

Préparation

Nettoyer le filet ou la darne du poisson choisi sous un filet d'eau fraîche puis l'éponger avec du papier absorbant.

À l'aide d'un pinceau, étaler l'huile de coco fondue dessus et saupoudrer du garam masala sur chaque face ainsi que du sel et du poivre au goût.

Faire cuire sur feu moyen d'un côté jusqu'à ce que le poisson soit doré puis retourner de l'autre côté.

Étaler la sauce piquante sucrée sur le côté cuit puis en le retournant encore une fois de l'autre côté. Si vous n'avez pas de sauce chili sucrée vous pouvez utiliser du ketchup.

Servir le poisson croustillant et épicé bien chaud avec un quartier de citron.

Fërgesë me Presh dhe Gjizë (Albanie)

Gratin de poireaux

Pour 4 personnes
Préparation : 20 min
Cuissons : 30 min + 15 min

- 2 poireaux
- 1 l de lait cru
- 2 c. à s. de vinaigre blanc
- 15 cl de crème fraîche liquide
- 1 œuf
- 40 g de beurre
- 1 c. à s. d'huile d'olive
- Sel et poivre

Préparation

Nettoyer soigneusement les poireaux et les couper en fines rondelles. Les cuire dans le beurre et l'huile d'olive, avec un peu de sel fin, sur feu très doux et à couvert pendant 30 minutes. Remuer de temps en temps et ajouter de l'eau si besoin. Les poireaux doivent être fondants et tendres.

Faire bouillir le lait cru et lorsqu'il a levé ajouter le vinaigre blanc en tournant pendant 5 minutes puis le filtrer à travers une étamine pour ne garder que le caillé.

Déposer les poireaux cuits dans un plat à gratin beurré, verser dessus le caillé égrené.

Battre la crème fraîche avec l'œuf et le sel. Arroser les poireaux de la préparation. Saupoudrer de poivre au goût.

Enfourner pour 15 minutes au four à 200°C (Th. 6-7) ou jusqu'à ce que le gratin commence à dorer légèrement. Déguster bien chaud en accompagnement.

.

Pudim
(Mauritanie)

Crème d'avocat aux amandes

Pour 2 personnes
Préparation : 10 min

- 2 petits avocats
- 20 g d'érythritol
- 30 g de poudre d'amande
- 4 gouttes de stévia à l'amande
- 2 c. à s. d'amandes concassées
- 5 c. à s. d'eau fraîche

Préparation

Mixer l'érythritol pour lui donner la texture du sucre glace.

Ajouter dans le mixeur la poudre d'amande et la réduire en poudre la plus fine possible.

Retirer la chair des avocats et la verser dans le mixeur avec l'eau et les gouttes de stévia.

Mettre en marche jusqu'à l'obtention du crème lisse et homogène.

Verser le pudim dans des verres ou des coupes de présentation et réserver au frais jusqu'au moment de servir.

Saupoudrer des amandes concassées au moment de les déguster pour qu'elles restent bien craquantes.

Bajan fish cutter (La Barbade)

Burger de poisson

Pour 1 personne
Préparation : 10 min
Cuisson : 15 min

Pour le burger

- 1 pain céto pour burger
- 1 tranche de tomate
- 2 feuilles de salade verte
- 1 c. à s. de sauce tomate épicée
- 20 g de cheddar
- 100 g d'un filet de poisson
- 1 c. à s. d'huile de coco

Pour la panure

- 1 c. à s. de gluten
- 1 œuf battu
- 1 pincée de sel fin
- 1 pincée d'ail semoule
- 1 pincée de poivre
- 1 c. à s. de poudre d'amande
- 1 c. à s. de parmesan râpé

Préparation

Tremper le filet de poisson recto-verso successivement dans le gluten puis l'œuf battu et enfin le mélange pour la panure : poudre d'amande, parmesan, poivre, sel et pincée d'ail.

Mettre le filet de poisson pané dans une poêle avec de l'huile de coco pour le faire cuire recto-verso. Lorsque le poisson pané est bien doré d'un côté, le retourner et ajouter le cheddar (ici râpé) pour le faire fondre.

Couper le pain destiné au burger en 2, le faire griller au toaster, poser une rondelle de tomate sur le fond et poser dans l'ordre : 2 feuilles de salade, le poisson pané, le fromage fondu.

Tartiner le chapeau du bun de sauce épicée à la tomate (ici une sauce mexicaine) puis le poser sur le fromage fondu et déguster ce burger au poisson lorsqu'il est bien chaud.

Kanda
(Centrafrique)

Boulettes de viande aux graines de courge

Pour 4 personnes
Préparation : 30 min
Cuisson : 20 min + 1 h

Pour les croquettes

- 400 g de viande grasse hachée
- 200 g de graines de courges
- 50 ml d'eau
- 1 c. à s. de fines herbes
- 1 c. à c. d'ail en poudre
- 1 œuf
- 1 cube de bouillon Kub
- Poivre au goût
- Huile de coco désodorisée

Pour la sauce

- 400 g de tomates pelées
- 2 c. à s. d'huile d'olive
- 1 oignon
- 1 c. à c. d'ail en poudre
- 1 cube de bouillon Kub
- 1 pincée de bicarbonate
- Piment (optionnel)
- Poivre

Préparation

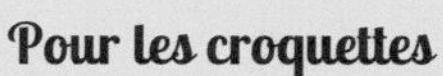

Pour réaliser la sauce tomate, faire revenir l'oignon émincé dans l'huile d'olive jusqu'à ce qu'il soit tendre.

Ajouter les tomates pelées et laisser cuire à petits bouillons avec le cube de bouillon et éventuellement le piment. Poivrer au goût. Ajouter une pincée de bicarbonate pour ôter l'acidité des tomates.

Laisser réduire la sauce environ 1 heure. Mixer la sauce si vous la préférez fine, ici elle n'est pas mixée pour lui donner du corps.

Pour cuisiner les croquettes, mixer les graines de courges avec l'eau, les fines herbes, l'ail en poudre, le cube de bouillon pour réaliser une sorte de pâte.

Mélanger la viande hachée avec la pâte obtenue et poivrer à votre goût. Former des boulettes avec des mains humides et les aplatir pour réaliser des croquettes. Faire cuire ces croquettes dans l'huile pour les faire dorer de chaque côté.

Servir les croquettes bien chaudes au sortir de la poêle arrosées de sauce tomate.

Sarmale
(Roumanie)

Choux farcis

Pour 6 personnes
Préparation : 50 min
Cuisson : 4 h

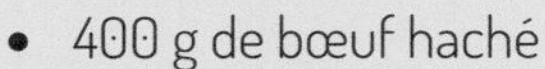

- 400 g de bœuf haché
- 200 g de chair à saucisse
- 1 chou vert
- 1 verre de vin blanc sec
- 1 oignon
- 1 petit poireau
- 200 g de riz de konjac
- 400 g de tomates concassées
- 2 cubes de bouillon kub
- 5 c. à s. d'huile d'olive
- 2 œufs
- 4 branches de thym
- 2 feuilles de laurier
- Poivre

Préparation

Blanchir les feuilles de chou lavées afin qu'elles ramollissent.

Faire dorer l'oignon dans une cuillère à soupe d'huile d'olive puis y faire suer le poireau nettoyé et coupé en rondelles. Lorsque le poireau est tendre ajouter le riz de konjac rincé et laisser s'évaporer l'humidité.

Faire la farce en mélangeant les ingrédients suivants: le bœuf haché, la chair à saucisse, le riz avec le poireau et l'oignon, les œufs et le poivre.

Prélever une grosse noix de farce et fabriquer un petit rouleau avec une feuille de chou. Faire ainsi avec toute la farce. Verser 4 cuillères à soupe d'huile d'olive au fond d'une cocotte avec un couvercle allant au four et déposer les rouleaux de chou farci les uns à côté des autres.

S'il reste du chou, le couper en petits morceaux et le répartir sur le dessus. Saupoudrer des cubes de bouillon réduits en poudre et des tomates concassées. Poser les feuilles de laurier et les branches de thym et verser le verre de vin blanc. Mettre au four à 180°C (Th. 6) pendant 4 heures.

Servir les sarmalé bien chauds avec de la crème fraîche épaisse.

Sultat al'afukadu lilsuhur (Emirats arabes unis)

Salade d'avocat au yaourt

Pour 2 à 4 personnes
Préparation : 10 min

- 2 avocats
- 4 c. à s. de yaourt grec
- 2 rondelles d'oignon rouge
- 60 g de pistaches décortiquées
- 6 tiges de coriandre fraîche
- 1 citron
- Sel et poivre

Préparation 

Couper 2 rondelles d'oignon rouge et séparer les anneaux. Réserver.

Ciseler finement la coriandre lavée et concasser au couteau les pistaches. Réserver.

Ouvrir les avocats, ôter le noyau et la peau, couper en cubes et verser ceux-ci dans un saladier.

Arroser les avocats avec le jus du citron, le sel au goût ainsi que le yaourt grec et mélanger le tout.

Disposer la salade dans des assiettes et décorer avec les rondelles d'oignon, les pistaches concassées, le poivre moulu et des pluches de coriandre.

Lap kai lao
(Laos)

Salade de poulet

Pour 2 personnes
Préparation : 20 min
Cuisson : 10 min

- 200 g de blancs de poulet
- 2 c. à c. d'huile de coco
- 1 petit oignon rouge
- 1 échalote
- 1 citron
- 1 salade verte
- 1 c. à c. de gingembre frais râpé
- 6 tiges de coriandre fraîche
- 6 tiges de menthe fraîche
- 50 g de cacahuètes grillées
- 1 petit concombre
- 2 c. à s. de nuoc mam
- Piment au goût

Préparation

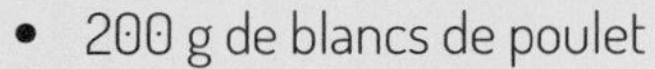

Couper les blancs de poulet en cubes et les faire revenir dans une poêle avec une cuillère à café d'huile de coco jusqu'à ce qu'ils soient dorés. Réserver dans un saladier.

Laver et ciseler finement la coriandre fraîche, les feuilles de menthe fraîche et l'oignon rouge. Râper le gingembre frais. Couper le concombre pelé en petits dés.

Faire revenir l'oignon 5 minutes avec l'autre cuillère à café d'huile de coco et l'ajouter dans le saladier avec le jus de citron, le nuoc mam, les dés de concombre, le gingembre, les herbes ciselées et mélanger le tout

Faire dorer l'échalote coupée en très fines tranches dans le reste d'huile de coco dans la poêle. Concasser les cacahuètes grillées au couteau et les ajouter sur la salade avec l'échalote dorée. Parsemer de piment, soit frais coupé en petits dés, soit en poudre (ici c'est du piment Nora, un piment doux en poudre).

Présenter sur des feuilles de salade verte ou rouler des wraps de salade verte avec cette préparation.

Tmya kûng (Thaïlande)

Soupe aux crevettes

Pour 4 personnes
Préparation : 10 min
Cuisson : 25 min

- 350 g de crevettes décortiquées
- 100 g de shiitake
- 1 tige de citronnelle
- 2 c. à s. de nuoc mam
- 2 c. à s. d'huile de coco
- 2 c. à s. de poudre de curry
- 400 g de crème de coco
- 2 c. à s. d'érythritol
- 2 c. à s. de gingembre râpé
- 1/2 bouquet de coriandre
- 4 poignées de germes de soja
- 1 citron vert
- 2 cubes de bouillon Kub
- 500 ml d'eau

Préparation

Ciseler très finement une tige de citronnelle.

Verser l'huile de coco dans un wok et y faire revenir le curry en poudre et y ajouter la citronnelle ciselée avec le gingembre frais râpé pendant 2 minutes à feu vif.

Deux minutes après, ajouter l'eau, les cubes de bouillon, le nuoc mam et laisser bouillir tout doucement pendant 15 minutes.
Couper les shiitake lavés en tranches fines.

Verser la crème de coco dans le wok avec les champignons et laisser cuire encore 5 minutes puis verser le jus de citron vert. Ajouter les crevettes décortiquées puis laisser sur le feu encore 2 minutes.

Ciseler finement un demi bouquet de coriandre fraîche lavée.

Disposer une poignée de germes de soja lavés dans chaque bol et verser dessus la soupe thaï bien chaude.

Kurkkukeitto. (Finlande)

Soupe de concombre froide

Pour 3 - 4 personnes
Préparation : 10 min

- 1 beau concombre bio
- 1 gousse d'ail
- 150 g de yaourt grec
- 2 branches d'aneth
- 10 feuilles de menthe fraîche
- Sel

Préparation

Laver le concombre bio ou le peler s'il n'est pas bio puis le couper en tranches épaisses.

Peler la gousse d'ail et la dégermer, laver soigneusement les fines herbes.

Verser le tout dans un mixeur.

Ajouter le yaourt grec et saler au goût.

Mettre en marche le mixeur ou le blender jusqu'à obtenir un liquide épais.

Goûter pour éventuellement rectifier l'assaisonnement.

Garder au frais jusqu'au moment de servir.

P. F.
(Burkina Faso)

Porc au four

Pour 4 personnes
Préparation : 20 min
Cuisson : 3 h 30

- 8 joues de porc
- 1 gros oignon
- 2 poivrons verts
- 500 g de tomates
- 2 cubes de bouillon Kub
- 1 c. à s. pleine de soumbala ou nététou
- 1 c. à c. d'ail en poudre
- 5 c. à s. d'huile d'olive

Préparation

Couper l'oignon pelé en cubes d'environ 1 cm. Verser l'huile d'olive dans le fond d'une cocotte allant au four et y verser l'oignon.

Laver les poivrons, les ouvrir, ôter les graines et la queue et les couper en cubes. Ajouter les cubes de poivron à l'oignon dans la cocotte. Faire cuire le tout pendant 10 minutes à feu moyen. Pendant ce temps, couper les tomates en morceaux.

Retirer les dés de poivrons et d'oignon de la cocotte et y faire dorer les joues de porc. Une fois les joues dorées, ajouter les dés de légumes précuits, les tomates coupées, l'ail en poudre, le soumbala et les cubes de bouillon.

Laisser cuire à feu vif pendant 5 minutes sur le feu. Ensuite, couvrir et enfourner à 180°C (Th. 6) pendant 1 heure, puis baisser la température à 150°C (Th. 5) pendant 2 heures.

Servir ce plat bien chaud avec du riz de konjac ou du riz de chou-fleur sauté au beurre.

Kachumbari
(Kenya)

Salade de crudités

Pour 4 personnes
Préparation : 20 min

- 200 g de tomates
- 1 avocat bien mûr
- 1 petit concombre
- 1 oignon rouge
- 1 c. à c. de gingembre frais râpé
- 1/2 citron
- 1 c. à c. de poudre de piment (optionnel)
- 6 tiges de coriandre fraîche
- Sel

Préparation

Couper l'oignon pelé en cubes d'environ 1 cm et faire de même pour l'avocat.

Peler le concombre s'il n'est pas bio et laver les tomates. Couper ces légumes à la même taille que l'oignon et l'avocat.

Ciseler finement la coriandre fraîche lavée.

Verser tous les légumes dans un saladier et y ajouter le jus du demi citron, le gingembre frais râpé et la coriandre ciselée. Saler au goût.

Garder cette salade au frais jusqu'au moment de servir. Elle convient parfaitement en accompagnement de grillades.

Machboos
(Bahreïn)

Riz épicé au poulet

Pour 2 personnes
Préparation : 15 min
Cuisson : 20 min

- 200 g de tomates concassées
- 200 g de blancs de poulet
- 400 g de riz de konjac
- 1 oignon
- 1 gousse d'ail
- 1 c. à s. de baharat (épices)
- 1 c. à s. d'eau de fleur d'oranger
- 2 c. à s. d'huile d'olive
- 2 cubes de bouillon Kub
- 1 citron
- 6 brins de coriandre fraîche
- 8 macadamia ou cajou (optionnel)

Préparation

Ciseler l'oignon pelé et le faire revenir dans l'huile d'olive jusqu'à ce qu'il soit doré. Y ajouter l'ail râpé et le faire revenir une minute.

Ajouter les blancs de poulet coupés en aiguillettes pour les faire dorer également.

Verser les tomates concassées, les épices, les cubes de bouillon et le riz de konjac bien rincé et égoutté.

Laisser revenir jusqu'à ce que la préparation soit bien desséchée en remuant souvent.

Verser alors l'eau de fleur d'oranger (ou de rose au choix) et le jus du citron.

Présenter le machboos dans une assiette saupoudré de coriandre fraîche lavée et ciselée et éventuellement de noix de macadamia pour le croquant et d'un quartier de citron.

Baurzak (Kazakhstan)

Beignets au miel

Pour 4 personnes
Préparation : 10 min
Cuisson : 40 min

- 100 g de poudre fine d'amande
- 6 g de gomme de xanthane
- 5 g d'érythritol
- 1/2 c. à c. de sel fin
- 90 ml d'eau chaude
- Huile de coco
- Sirop de fibres (miel sans sucre)

Préparation

Verser la poudre d'amande, la gomme xanthane, l'érythritol et le sel fin dans un bol et bien mélanger les ingrédients secs ensemble.

Ajouter l'eau chaude et mélanger rapidement pour obtenir une pâte. Verser la pâte dans une poche à douille.

Attacher un fil entre le pouce et l'index de la main gauche (si vous êtes droitier) en laissant le fil tendu entre les doigts lorsqu'on écarte ceux-ci.

Faire chauffer l'huile de coco dans une poêle anti-adhésive et avec la main droite qui tient la poche, passer rapidement sur le fil de façon à faire de petites boules qui tombent dans l'huile chaude (le fil est utilisé pour couper la pâte rapidement en petites boules).

Réaliser la cuisson en 4 fois de manière à ce que toutes les boules soient cuites à l'identique.

Les égoutter sur du papier absorbant puis transvaser dans le plat de présentation.

Arroser généreusement de miel sans sucre ou sirop de fibres.

Shamu datchi
(Bhoutan)

Champignons au fromage

Pour 2 personnes
Préparation : 10 min
Cuisson : 10 min

- 250 g de champignons
- 10 cl d'eau
- 30 g de beurre
- 150 g de fromage filant
- 1 petit oignon rouge ou frais

Préparation

Ciseler l'oignon pelé et le réserver.

Laver les champignons, ôter le bout du pied terreux et les couper en lamelles.

Verser les champignons dans une poêle avec le beurre et l'eau. Laisser cuire jusqu'à ce que l'eau soit à mi-hauteur des champignons.

Ajouter le fromage dans la préparation et le laisser fondre à feu doux.

Verser le mélange dans un plat de service et parsemer de l'oignon ciselé.

Ce plat se déguste bien chaud quand le fromage est encore coulant.

Boulettes de thon

Pour 15 boulettes
Préparation : 15 min
Cuisson : 15 min

- 280 g de thon au naturel
- 50 g de farine de lupin
- 1/2 c. à c. de gomme guar
- 1 c. à c. de sel fin
- 1 œuf
- 1 échalote
- 1/2 poivron vert
- 3 tiges de persil frisé
- 6 tiges de coriandre fraîche
- 3 c. à s. d'huile de coco
- Piment au goût

Préparation

Hacher le poivron et l'échalote et les mettre dans un saladier. Laver et ciseler finement les tiges de persil.

Les ajouter au saladier avec la farine de lupin, la gomme guar, le thon bien égoutté et émietté, le sel fin, le piment et l'œuf.

Mélanger tous les ingrédients ensemble et façonner une quinzaine de boulettes avec les mains humidifiées.

Faire chauffer l'huile de coco dans une grande poêle et y déposer les boulettes doucement. Laisser dorer d'un côté pendant environ 7 minutes.

Retourner délicatement les boulettes à l'aide de 2 fourchettes pour qu'elles terminent de cuire sur l'autre face.

Les poser sur un papier absorbant puis les servir bien chaudes avec des tranches de citron.

Madrouba
(Qatar)

Riz au poulet et cardamome

Pour 2 personnes
Préparation : 10 min
Cuisson : 15 min

- 150 g de filets de poulet
- 200 g de riz de konjac
- 10 cl d'eau
- 10 cl de crème fraîche liquide
- 40 g de ghee (beurre clarifié)
- 1 petit oignon
- 1 cube de bouillon de volaille
- 1 c. à c. rase de cardamome moulue
- 1/2 c. à c. de gomme guar

Préparation

Découper les filets de poulet en petits morceaux, les faire revenir à la poêle dans la moitié du ghee jusqu'à ce qu'ils soient dorés.

Dans la poêle, ajouter le riz de konjac rincé sous l'eau claire avec la poudre de cardamome. Laisser cuire 5 minutes en remuant souvent.

Délayer le cube de bouillon réduit en poudre et la gomme guar dans un verre contenant la crème fraîche liquide et l'eau. Verser ensuite le mélange dans la poêle.

Laisser cuire jusqu'à ce que le mélange devienne crémeux, goûter pour éventuellement rectifier l'assaisonnement en sel.

Pendant ce temps, faire frire l'oignon émincé finement dans une autre poêle avec le reste de ghee en remuant sans arrêt.

Parsemer ces oignons frits sur le madrouba et servir aussitôt.

Spaghetti Neapolitan (Sealand)

Spaghetti aux saucisses, poivron et champignons

Pour 3 personnes
Préparation : 10 min
Cuisson : 20 min

- 6 saucisses de Strasbourg
- 600 g de spaghetti de konjac
- 250 g de champignons de Paris
- 1 poivron vert
- 1 cube de bouillon Kub
- 1 petit oignon
- 1 gousse d'ail
- 2 c. à s. d'huile d'olive
- 2 c. à s. de Worcestershire sauce
- Sel et poivre

Préparation

Nettoyer les champignons, ôter le pied terreux et les émincer finement. Laver, ôter le cœur et les graines du poivron vert avant de le couper en petits dés. Ciseler finement l'oignon et hacher la gousse d'ail.

Dans une poêle, faire revenir les dés de poivron, l'ail et l'oignon à l'huile d'olive jusqu'à ce qu'ils soient tendres puis ajouter les champignons.

Couper les saucisses en tronçons et les ajouter dans la poêle avec le cube de bouillon réduit en poudre. Laisser mijoter.

Rincer les spaghetti sous l'eau froide et les ajouter à la préparation avec la Worcestershire sauce, laisser cuire en remuant pendant 10 minutes sans cesser de remuer.

Lorsque la préparation a séché et qu'elle ne présente plus de liquide dans le fond de la poêle, la servir aussitôt.

Tempura
(Japon)

Beignets de poisson, crevettes et légumes

Pour 3 personnes
Préparation : 15 min
Cuisson : 20 min

- 100 g de filet de poisson blanc
- 6 crevettes
- 3 tranches fines d'aubergine
- 1 tranche de 1 cm d'oignon
- 6 tranches de courgette
- 1/3 de poivron vert
- 2 œufs
- 6 c. à s. de whey
- 1 c. à c. de baking soda
- 1/2 c. à c. de sel fin
- 1/2 c. à c. de bicarbonate de soude
- 1/2 c. à c. de gomme guar
- 1 cube de bouillon Kub
- Huile de coco désodorisée
- Eau gazeuse très froide

Préparation

Préparer les ingrédients : couper le filet de poisson en 6 morceaux, décortiquer les crevettes, couper l'aubergine en tranches fines. Séparer la tranche d'oignon en anneaux, couper la courgette en rondelles d'environ 1 cm de large. Couper le morceau de poivron pour réaliser 6 lamelles dans la longueur. Réserver le tout.

Pour faire la pâte, mélanger la whey, le baking soda (ou levure chimique), le sel, le bicarbonate, la gomme guar et le cube de bouillon émietté. Puis ajouter les œufs et mélanger jusqu'à ce qu'il n'y ait plus de grumeaux. Verser alors l'eau gazeuse glacée afin que la pâte ressemble à une pâte à crêpe épaisse.

Faire chauffer l'huile de coco désodorisée dans une poêle pour obtenir une épaisseur d'environ 2 cm d'huile bouillante.

Passer les poissons, crevettes, légumes dans la pâte un à un avant de les plonger dans l'huile bouillante.

Laisser dorer les beignets recto verso puis les déposer sur un papier absorbant. Frire en plusieurs fois pour que les beignets ne se collent pas les uns aux autres et aient de l'espace.

Servir avec une sauce soja.

Spaghetti à la saucisse

Pour 1 personne
Préparation : 10 min
Cuisson : 20 min

- 1 saucisse
- 200 g de spaghetti de konjac
- 1 petit oignon
- 1/4 de poivron
- 1 tomate moyenne
- 1 gousse d'ail
- 1 pincée de clou de girofle moulu
- 1 cube de bouillon Kub
- 1 c. à s. d'huile d'olive
- Piment Scotch bonnet (au goût)

Préparation

Faire chauffer l'huile et y faire revenir la saucisse coupée en morceaux pour la faire légèrement dorer puis réserver sur une assiette.

Ciseler finement l'oignon, couper la tranche de poivron en tout petits dés et râper l'ail. Faire revenir le tout dans l'huile restante jusqu'à ce que l'oignon devienne tendre. Saupoudrer du bouillon réduit en poudre et de la pincée de clou de girofle moulue.

Ajouter la tomate concassée et laisser cuire pendant 10 minutes en rajoutant un tiers de verre d'eau et le piment selon la force recherchée. Pour n'avoir que le parfum du piment sans son piquant, le laisser entier cuire dans la sauce sans le percer.

Rincer les spaghetti de konjac sous l'eau et les égoutter avant de les verser dans la sauce. Les laisser complètement s'imprégner de sauce puis ajouter les rondelles de saucisse pour les réchauffer avant de servir.

Déguster bien chaud.

Aswad (Soudan)

Salade d'aubergine à la cacahuète

Pour 4 personnes
Préparation : 15 min
Cuisson : 20 min

- 1 belle aubergine
- 150 g de tomates
- 10 cl d'eau
- 2 c. à s. de beurre de cacahuète
- 1 petit oignon
- 2 c. à s. d'huile de coco désodorisée
- 1 gousse d'ail
- 5 tiges d'aneth frais
- 1 c. à c. de cumin moulu
- 1 c. à c. rase de sel

Préparation

Laver l'aubergine et la couper en rondelles d'environ 1 cm d'épaisseur. Faire dorer les rondelles dans une poêle avec l'huile de coco, d'un côté puis de l'autre.

Dans une casserole, faire revenir l'ail râpé et l'oignon ciselé pendant 5 minutes en remuant sans arrêt puis ajouter les tomates concassées et continuer la cuisson 5 minutes supplémentaires.

Mixer le beurre de cacahuète avec l'eau et l'ajouter dans la sauce tomate avec le cumin et le sel.

Ajouter les rondelles d'aubergine bien égouttées dans la sauce tomate/cacahuète et mélanger en pilant.

On peut également en faire une crème lisse avec un mixeur plongeant si on préfère, mais les morceaux sont intéressants pour la texture.

Pour finir lorsque la préparation est froide ajouter l'aneth frais finement ciselé et servir.

Nouilles au curry de poulet

Pour 2 personnes
Préparation : 15 min
Cuisson : 20 min

- 150 g de blanc de poulet
- 2 œufs
- 1 tomate
- 1 petit oignon
- 1 gousse d'ail
- 3 c. à s. d'huile de coco
- 1 c. à c. de curry en poudre
- 200 g de nouilles de konjac
- 2 cubes de bouillon Kub
- 400 ml de lait de coco
- 1 bouquet de coriandre fraîche
- Piment au goût

Préparation

Faire revenir le curry avec une cuillère à soupe d'huile de coco pendant une minute dans une sauteuse ou un wok.

Émincer finement l'oignon et râper la gousse d'ail puis les ajouter aux épices et faire revenir jusqu'à ce que l'oignon soit tendre. Couper les filets de poulet en fines lanières et les faire revenir avec les 2 cubes de bouillon réduits en poudre.

Verser la tomate concassée et la laisser fondre dans le mélange. Ajouter le lait de coco dans la préparation avec un peu d'eau et laisser les saveurs se mélanger en ajoutant du piment si vous en aimez la chaleur.

Rincer soigneusement les pâtes de konjac et les faire sauter dans une poêle avec une cuillère à soupe d'huile de coco.

Réaliser une petite omelette avec les œufs battus dans une petite poêle avec de l'huile de coco, la rouler et la découper en lanières.

Disposer les pâtes chaudes dans 2 bols et ajouter la moitié de la sauce au poulet dans chacun des bols. Répartir les lanières d'omelette et parsemer de coriandre ciselée.

Salt & pepper squid (Australie)

Calamar au sel et au poivre

Pour 2 personnes
Préparation : 10 min
Cuisson : 10 min

- 200 g d'anneaux de calamar
- 3 c. à s. de farine de coco
- 1/2 c. à c. d'épice Nora (optionnel)
- 1/2 c. à c. de sel
- 1/2 c. à c. poivre moulu
- 1 citron
- Huile de coco désodorisée

Préparation 

Verser la farine de coco dans un sac en plastique alimentaire avec le sel, le poivre et l'épice Nora. Le fermer et le secouer.

Mettre à chauffer l'huile de coco de façon à en avoir un demi centimètre dans une poêle.

Passer les anneaux un à un dans la farine épicée de façon à les recouvrir et les poser dans l'huile bien chaude.

Laisser cuire de chaque côté 5 minutes jusqu'à ce qu'ils soient bien dorés.

Servir sur un lit de salade verte avec des tranches de citron.

Uttapam
(Inde)

Wrap aux légumes et œufs

Pour 4 personnes
Préparation : 20 min
Cuisson : 40 min

Pour les wraps aux légumes

- 50 g de farine de coco
- 8 g de psylllium
- 1/2 c. à c. de levure chimique
- 50 ml d'eau tiède
- 1 petite tomate
- 1/4 de poivron vert
- 1/2 petit oignon rouge
- 2 c. à c. d'huile de coco
- Sel

Pour la garniture

- 8 œufs durs
- 4 c. à s. de mayonnaise
- 1 petite tomate
- 1/4 de poivron vert
- 1/2 petit oignon rouge
- Salade verte ciselée

Préparation

Couper tous les tomates, poivron et oignon rouge en tout petits dés en une seule fois.

Pour réaliser les uttapam mélanger la farine de coco, le psyllium, la levure chimique pour faire une poudre homogène puis y incorporer l'eau tiède et la moitié des tomates, poivron et oignon rouge. Former 4 boules et laisser reposer 5 minutes.

Étaler une boule entre 2 feuilles de papier papier sulfurisé pour réaliser un disque d'environ 15 cm de diamètre. Faire ainsi pour les 4 boules. Les poser sur une poêle chaude enduite d'huile de coco. Laisser cuire 5 minutes de chaque côté.

Écraser les œufs à la fourchette avec la mayonnaise et le reste des légumes en petits dés. Déposer un quart de la garniture sur chaque uttapam et parsemer de salade ciselée.

Replier et servir frais.

Coconut crusted fish (Nauru)

Poisson en croûte de noix de coco

Pour 1 personne
Préparation : 10 min
Cuisson : 10 min

- 1 filet de poisson blanc
- 2 c. à s. de coco râpée
- 1 c. à s. de farine de coco
- 1/2 c. à c. de sel fin
- 1 œuf
- Huile de coco

Préparation

Casser l'œuf dans une assiette creuse et mélanger comme pour réaliser une omelette.

Verser les ingrédients secs sur une autre assiette creuse et mélanger la coco râpée, la farine de coco et le sel fin.

Passer d'abord le filet de poisson dans l'œuf puis dans le mélange de poudres une première fois.

Recommencer l'opération une seconde fois.

Déposer délicatement le poisson pané dans l'huile de coco chaude et laisser dorer d'un côté pendant 5 minutes puis retourner doucement le poisson pour le faire dorer de l'autre côté.

Servir chaud accompagné d'une salade et de copeaux de noix de coco.